Este título incluido en **Nuestros Ilustres** —la serie de biografías de destacados personajes de los ámbitos de la ciencia, la cultura y la historia— forma parte de un proyecto impulsado por la **Fundación Acuorum Iberoamericana Canaria de Agua** en colaboración con **Canaragua, Aguas de Telde** y **Teidagua**. Ha sido coordinado y producido bajo el sello de **Vegueta Ediciones**, en su colección **Unicornio**.

Dicha serie de biografías pretende servir de soporte cultural y educativo, así como de **apoyo extracurricular a diversas asignaturas**, y coincide con una de las tareas fundamentales planteadas para la Fundación Acuorum desde su nacimiento: la promoción del conocimiento, la investigación, la innovación, el talento y la divulgación. Cada título aproxima a los niños a un personaje de nuestra historia cuya trayectoria haya contribuido significativamente al desarrollo y la calidad de vida de la sociedad.

Este proyecto educativo y cultural no habría sido posible sin la colaboración entusiasta de Ángel Simón, José Sintes, Arsenio Olmo, Fernando G. Delgado, Andrés Sánchez Robayna, Eva Moll de Alba, José J. González, Ximena Torres, José Guerra, Cristóbal Martell, Gonzalo Piernavieja y Tomás Van de Walle, patronos de la Fundación Acuorum Iberoamericana Canaria de Agua.

Un agradecimiento especial a la nieta de Blas Cabrera, Cristina Cabrera, y a su sobrino nieto José María Segovia Cañadas, por su amabilidad y generosidad, así como un recuerdo especial al padre de este último, José María Segovia Cabrera (E.P.D.), quien con tanto entusiasmo recordaba el viaje en tren con su tío cuando huía al exilio.

Textos: Francisco León
Ilustraciones: Jesús Guerra
Diseño y maquetación: Anna Bosch

© **Fundación Acuorum Iberoamericana Canaria de Agua**
Gabinete Literario. Plaza de Cairasco, 1
35002 Las Palmas de Gran Canaria
www.acuorum.com

ISBN: 978-84-947237-2-8
Depósito Legal: GC 480-2018
Impreso y encuadernado en España

Cualquier forma de reproducción, distribución, comunicación pública o transformación de esta obra solo puede ser realizada con la autorización de sus titulares, salvo excepción prevista por la ley. Diríjase a CEDRO (Centro Español de Derechos Reprográficos) si necesita fotocopiar o escanear algún fragmento de esta obra (www.conlicencia.com; 91 702 19 70 / 93 272 04 45).

NUESTROS ILUSTRES

Blas Cabrera

El gran físico amigo de Einstein

FRANCISCO LEÓN
JESÚS GUERRA

Vegueta Unicornio

Lanzarote en el siglo XIX

No mucha gente sabe que, hasta mediados del siglo XVIII, la isla de Lanzarote basó su economía en el cultivo de cereales. Esto tuvo que cambiar a partir de las erupciones del volcán Timanfaya, en 1730, que cubrieron muchas de las vegas fértiles en malpaís, o lava petrificada. A partir de entonces hubo que acondicionar la tierra para el cultivo de la vid y de distintos productos de exportación, como la cochinilla.

La mañana en que Blas abrió la puerta de su nueva casa, en La Laguna —hace de esto muchos, muchos años—, se llevó una sorpresa enorme. Estaba viendo llover a cántaros. Llovía y llovía y llovía. Nunca había visto llover con tanta fuerza.

También era la primera vez que Blas veía árboles tan grandes y frondosos, y plazas con fuentes de mármol, y farolas de gas, y escaparates con trajes caros, y calles empedradas, y gente, sobre todo mucha gente que marchaba a sus trabajos, a las tiendas, a los cafés, a sus despachos.

Blas había nacido en Lanzarote en 1878. Algunos de ustedes no lo creerán: en esa época, en Lanzarote prácticamente no había árboles, ni plazas, ni fuentes, ni alumbrado público. Casi nadie paseaba por las calles, las carreteras eran de tierra y los agricultores, que eran pobres, en vez de en caballos adornados, iban en camellos. ¿No les parece increíble? Sobre todo si pensamos que, viniendo de un lugar así, Blas acabó siendo uno de los científicos europeos más importantes de su época, así como fundador de algunos de nuestros centros de investigación más importantes.

Sus padres habían tenido que dejar atrás la isla conejera y emprendían una nueva vida en Tenerife.

Todo era nuevo, ruidoso y rápido en la Laguna, pero como iba agarrado de la mano de su madre, paseando tranquilamente, Blas no tenía nada que temer.

—Mamá, ¿por qué hemos venido aquí?

—Porque a tu padre le han dado un trabajo importante en esta ciudad, Blas.

—¿Un trabajo, de qué?

—Tu padre es abogado, como sabes, y le han ofrecido aquí un puesto importante, un puesto de notario.

—¡Mira Blas, por allí viene tu padre! ¡El del sombrero!

Blas levantó la mano y gritó.

—¡Buenos días, papá!

Blas se sentía muy orgulloso de su padre.

—Puede que un día tú también seas un gran abogado.

Abogado y notario

Un abogado es el profesional encargado de la defensa de las partes involucradas en juicios o procesos administrativos. Es quien defiende a las personas acusadas ante los tribunales, pero también quien las asesora en materias legales de todo tipo, aunque estas no impliquen procesos judiciales.

Un notario es un experto en leyes con autorización para controlar y servir de testigo en la firma de contratos, testamentos y otros acuerdos entre particulares o empresas. Lo que hace el notario es asegurar la legalidad de los documentos que firmamos para comprar, vender, heredar bienes, etc.

El pequeño Blas leía todo lo que caía en sus manos y en la escuela era muy aplicado. Pero lo que más le gustaba era el estudio de la naturaleza. Se podía quedar horas, asombrado, mirando con una lupa cómo caminaba un escarabajo, o cómo crecía una planta, o qué forma tenía una piedra.

—¡Su hijo va para científico, señora! —le decía su profesor a la madre de Blas.

—¿Usted cree, don Julián?

—Se lo digo yo.

Pero los planes que la familia de Blas había preparado para él eran bien diferentes. Su padre había previsto que estudiara la carrera de Derecho para hacerse abogado, como había hecho él mismo, y que con el paso del tiempo se convirtiera en un gran juez.

Santiago Ramón y Cajal

Nacido en un pueblo de Navarra en 1852, Ramón y Cajal fue uno de los médicos e investigadores más importantes de la historia de España. Recibió el Premio Nobel de Medicina en 1906 por sus investigaciones sobre el sistema nervioso. Fue él quien propuso por primera vez que la base de nuestro sistema nervioso es la neurona, y que el tejido cerebral está compuesto por células individuales.

Pasaron los años y Blas se fue convirtiendo en un jovencito inquieto con muchas ganas de viajar. En cuanto finalizó el bachillerato, sus padres lo enviaron a Madrid para que siguiera la tradición familiar y cursara la carrera de Derecho. Toda su familia imaginaba que algún día Blas regresaría vestido con toga y con un martillo de madera en la mano para impartir justicia en algún juzgado de Canarias.

Pero, mientras estudiaba abogacía en Madrid, sucedió algo que cambiaría completamente su vida y los sueños de su familia. Unos amigos lo llevaron a un sitio muy conocido de la ciudad, a la tertulia del Café Suizo, donde iba a charlar con otros caballeros un científico genial llamado Santiago Ramón y Cajal.

—Don Santiago —le dijo un día Blas—, mi familia quiere que yo estudie para abogado, pero a mí lo que me gustaría es ser científico, investigar, rebuscar lo que hay dentro de las cosas.

Don Santiago, que era capaz de distinguir a un científico de verdad entre miles de abogados, le contestó:

—Pues entonces, querido Blas, déjese usted de leyes y póngase a estudiar ciencias.

Blas no se lo pensó ni un momento. Al día siguiente se pasó a la carrera de Ciencias Físicas y Matemáticas. Sus padres no se lo podían creer, pero él era tan inteligente que acabó la carrera enseguida, y pronto escribió un estudio científico sobre el viento y la luz.

En poco tiempo, aquel niño nacido en Lanzarote y educado en La Laguna se convirtió en todo un joven científico al que, sobre todas las cosas, le gustaba estudiar la materia. ¿Sabían que a los estudiosos de la materia los llaman físicos? También hay otros científicos que se encargan de las pequeñísimas partes que componen la materia, estos son los químicos.

En aquella época, España era un país en el que la ciencia no estaba muy avanzada, pero Blas amaba tanto la física que un día se reunió con otros amigos físicos y decidieron fundar un grupo de investigación.

—¡Tenemos que conseguir estar entre los mejores científicos del mundo! —dijo Blas a sus amigos—. Hay que estudiar los experimentos que han hecho los países más avanzados, leer sus revistas científicas, trabajar más en los laboratorios. Amigos, tenemos que cambiar la ciencia española.

—¿Y qué nombre le ponemos a nuestro grupo, Blas?

—Lo llamaremos Laboratorio de Investigaciones Físicas.

La física

La física es la rama de las ciencias que estudia las leyes que explican los fenómenos de la naturaleza, con el apoyo de las matemáticas. Presta atención tanto a las partículas más diminutas y elementales como a las estrellas más grandes del universo.

Blas y todos sus compañeros se pusieron manos a la obra y comenzaron a investigar todo lo relacionado con la física. Cuando todavía no había cumplido treinta años, se convirtió en el científico español que más sabía sobre electricidad y magnetismo. Tanto y tan seriamente había investigado sobre esos temas, que los viejos profesores de la universidad lo llamaron un día para anunciarle una gran noticia.

—Querido Blas —le dijeron—, es usted un físico con un gran futuro y nuestro país necesita personas como usted. Queremos informarle de que vamos a pagarle un viaje por Europa.

—¿A mí? —preguntó Blas.

—Sí, queremos que viaje para que conozca a otros físicos y grupos de científicos y aprenda todo lo que pueda de ellos.

Blas viajó en tren por Europa y visitó laboratorios muy importantes, en los que trabajaban grandes estudiosos de la materia. En la ciudad de Zúrich, conoció a otro gran científico que investigaba lo mismo que él. Se llamaba Pierre Weiss.

—¿Y cuál es la parte de la materia que más te gusta investigar, Pierre?

—Pues, como a ti, me interesa esa parte de las cosas que nadie puede ver, que es invisible pero muy importante: el magnetismo.

Muy contento por todo cuanto estaba aprendiendo, Blas se despidió de su amigo Pierre y siguió su gran viaje hacia Ginebra, otra ciudad suiza, donde visitó laboratorios y trabajó con máquinas de investigación que jamás había visto. «En España tenemos que inventar máquinas de estudio como estas», pensó. De allí se subió a otro tren y marchó a otra ciudad llamada Heidelberg, en Alemania, donde vivían los más grandes científicos de aquel tiempo.

En Alemania había grupos de científicos por todas partes y todos trabajaban en equipo. Fue allí donde Blas comprendió de verdad lo importante que era la ciencia para el progreso de los países.

El magnetismo

El magnetismo son los modos en que unos objetos son atraídos o repelidos por otros, como ocurre por ejemplo con los imanes. En otras palabras, son las fuerzas de atracción y repulsión entre diferentes materiales. Llamamos campos magnéticos a las energías invisibles que rodean a determinados objetos y que hacen que estos atraigan o repelan otros cuerpos. Por ejemplo, nuestro propio planeta es, de hecho, un enorme imán, y gracias a su campo magnético podemos usar brújulas para orientarnos.

A su regreso a Madrid, Blas pensó que, si aplicaba todo lo que había aprendido en Europa, lograría hacer sus propios descubrimientos en el campo de la física. Estaba emocionadísimo pensando en todas las nuevas ideas que podría desarrollar en su laboratorio. Quizá así España sería conocida en el mundo entero como un país donde la ciencia se modernizaba. ¡Sí, Blas tenía un sueño!

Una tarde, sentado en su escritorio, le escribió una carta a su padre, que estaba en La Laguna: «Querido padre, con todo lo que he aprendido con mi amigo Pierre Weiss y mis propios estudios, me he propuesto ser un gran científico y trabajar en grandes inventos que mejoren la vida de las personas».

Por aquel entonces su padre ya había comprendido que Blas nunca sería abogado como él, pero veía muy claro que, con su preparación y entusiasmo, su querido hijo llegaría muy lejos.

Blas se encerró en su laboratorio y, rodeado de máquinas eléctricas llenas de tubos y bombillas que soltaban chispas de luz, se concentró en sus ensayos.

En pocos años hizo cientos de experimentos, todos relacionados con las fuerzas magnéticas de la materia. Después los describió con mucho detalle y los publicó en las mejores revistas científicas del mundo, convirtiéndose así en el principal científico español de aquella época. ¡Su sueño se estaba cumpliendo!

¿Quién se lo iba a decir? Blas había seguido el consejo de don Santiago Ramón y Cajal, había dejado atrás lo que otros esperaban de él y, arriesgándose, había escogido su propio camino. A veces en la vida hay que hacer lo que nos dicta nuestro corazón y seguir nuestras propias intuiciones. Todo había salido bien y ahora sus compañeros del Laboratorio de Investigaciones Físicas lo admiraban muchísimo.

—Lo hemos conseguido, Blas. Gracias a ti, hoy España es por fin un país que hace gran ciencia y muchos descubrimientos. ¡Ahora incluso genios como Marie Curie, Pierre Weiss y Albert Einstein nos valoran y se apoyan en nuestros descubrimientos para avanzar en los suyos!

Para hacerse una idea de la importancia de Blas en la ciencia a nivel mundial, conviene tener en cuenta que hubo tres famosas escuelas en el mundo donde se obtuvo casi todo el conocimiento de los fenómenos magnéticos: una en Estrasburgo, otra en Japón y la de Blas en Madrid.

—Sí, pero aún queda mucho por hacer —respondía él.

Y era verdad. Aunque todos aquellos científicos europeos famosos aplaudían sus descubrimientos, los estudios sobre la materia se dirigían ahora hacia las investigaciones atómicas, en busca de nuevas fuentes de energía distintas de la eléctrica, y Blas estaba dispuesto a avanzar con todas sus fuerzas en esa dirección. La cosa no había hecho más que empezar.

Las investigaciones atómicas

A principios del siglo XX, algunos científicos europeos como Lise Meitner, Otto Hahn y Otto Frisch investigaron bombardeando neutrones contra distintos elementos, como el uranio. Pronto descubrieron que, al hacerlo, se desprendía muchísima energía. El neutrón bombardeado partía el núcleo del átomo y daba lugar a átomos menos pesados. Este fenómeno se llamó fisión nuclear y es la base de la energía nuclear que, aún hoy pese a sus peligros por la radiación, sigue abasteciendo de electricidad y calor a muchas regiones del mundo.

Años después, en 1930, delante del escaparate de una librería de Madrid, Blas miraba satisfecho los libros que había publicado. Uno se titulaba ¿Qué es la electricidad?, otro se llamaba Principio de relatividad, otro El átomo y sus propiedades electromagnéticas...

Estaba allí de pie, ensimismado, cuando de pronto un chico con una gorra se le acercó y le dijo:

—Don Blas, un telegrama urgente para usted. ¡Viene de Bélgica!

Blas abrió el telegrama y leyó:

«Señor Blas Cabrera y Felipe: ha sido usted seleccionado entre los más importantes científicos del mundo para participar en las Conferencias Solvay de Física, en Bélgica.»

Las Conferencias Solvay

A principios del siglo XX, estas conferencias servían para que los más prestigiosos científicos compartieran sus descubrimientos y los resultados de sus experimentos. Se organizaban con el patrocinio de un importante industrial belga, Ernest Solvay, y asistir a ellas era todo un honor para cualquier investigador en las ramas de la física o la química. Las primeras ediciones permitieron grandes avances en el ámbito de la mecánica cuántica, y hoy en día se siguen celebrando cada tres años.

Albert Einstein

Considerado el científico más importante del siglo XX, Albert Einstein nació en Alemania en 1879. Su aportación fundamental fue la teoría de la relatividad, de 1905, que revolucionó la ciencia conocida hasta entonces. Por ser judío, Einstein se vio obligado a abandonar su país natal y vivió en Estados Unidos desde 1933 hasta su muerte en 1955.

Cuando llegó a Bélgica para participar en las Conferencias Solvay, en la ciudad llovía a cántaros y Blas decidió entrar en un café. Allí un señor de su misma edad, con un gran bigote y el pelo completamente despeinado, se acercó y le preguntó:

—Perdone que le moleste, señor. Usted es el físico Blas Cabrera y Felipe. ¿No se acuerda de mí?

Blas, que era un despistado, levantó la cabeza y quedó boquiabierto. ¡Aquel bigote y aquel cabello despeluchado eran inconfundibles!

—¡Ah, claro que me acuerdo! ¡Usted es el magnífico físico alemán Albert Einstein!

Blas y Albert ya se habían conocido en España unos años antes, así que se sentaron juntos y tomaron un café mientras hablaban de los grandes avances de la ciencia.

—También yo he sido invitado a las Conferencias Solvay —dijo Albert.

—¡Qué alegría, amigo mío, nos volvemos a ver!

Desde ese día, Blas y Albert se hicieron tan amigos que, años después, cuando Albert tuvo que abandonar Alemania por la persecución del régimen nazi contra los judíos, casi se queda a vivir en Madrid junto a Blas. ¿A que esto no lo sabían ustedes?

De vuelta a España, Blas fue nombrado rector de la Universidad de Verano de Santander. Así que otra vez tuvo que subirse a un tren y viajar al norte. Allí lo esperaban muchas personalidades del mundo intelectual español. Había científicos, como Auguste Piccard, escritores como Miguel de Unamuno, poetas como Federico García Lorca y otros muchos. Se habían reunido para comenzar las conferencias de verano y hablar sobre la cultura en España.

Pero un día, cuando estaban conversando, llegaron noticias horribles: había estallado la guerra civil española, en la que se enfrentaron los fascistas contra los republicanos. Blas y todos sus amigos eran republicanos y tenían miedo de que pudiera pasarles algo malo, así que se quedaron en Santander a esperar nuevas noticias. No sabían qué hacer.

—No teman, amigos. Tengo un plan para escapar —dijo Blas—. Saldremos de aquí e iremos a Francia por mar.

Y así fue cómo consiguió salvar a muchos amigos. Los subió a todos en pequeñas embarcaciones y cruzaron juntos el mar hasta la costa francesa. Cuando llegaron a Francia se dirigieron hacia el sur y entraron en Cataluña, que era territorio republicano.

Ese día Blas se dio cuenta de que vivir en España ya no era seguro. La guerra lo había parado todo, incluidas las investigaciones científicas. Así que se marchó a París, donde su familia estaría a salvo.

La guerra civil española

En 1936, un grupo de generales, descontentos con las decisiones de los partidos de izquierdas que gobernaban el país (los republicanos), se sublevó contra el Gobierno en un golpe de estado que marcó el inicio de la Guerra Civil. Entre aquellos generales estaba Francisco Franco, quien, al ganar finalmente la guerra en 1939, impondría en el país una dictadura de casi cuarenta años.

Aunque ya tenía más de cincuenta años, Blas dio un salto de alegría y salió corriendo a contar la noticia a su familia. Reunidos en el salón de su casa, su esposa y sus hijos también saltaban de alegría.

No era para menos. Quizás ustedes no lo sepan, pero las Conferencias Solvay de Física eran entonces el acontecimiento científico más importante del mundo. Era casi como recibir el Premio Nobel. Solo nueve personas en todo el mundo podían decir que eran miembros del Comité Científico Solvay, así que Blas podía sentirse muy orgulloso y feliz.

La invasión de Francia de 1940

Después de haber sido invadidos por los alemanes durante la Primera Guerra Mundial, los franceses construyeron una muralla a lo largo de su frontera con Alemania e Italia. La llamaron la Línea Maginot. Aunque la creían impenetrable, cuando Hitler se propuso expandir el dominio de los nazis por toda Europa, dicha muralla defensiva fue insuficiente para contener el avance del ejército alemán y sus temibles tanques Panzer. En menos de dos meses los alemanes derrotaron al ejército francés, que se rindió el 25 de junio de 1940. Francia pasó entonces a estar controlada por los alemanes hasta su liberación por las tropas aliadas en 1944.

Una mañana, estando en su apartamento de París, Blas abrió el periódico y leyó otra de las peores noticias de su vida. Los soldados alemanes de Hitler habían invadido Francia. Blas sabía que su esposa, sus hijos y él mismo corrían gran peligro si se quedaban mucho más tiempo allí.

Blas se sentía viejo y cansado y quiso regresar a España, pero el dictador que ahora mandaba en España, Francisco Franco, seguía sin ser nada amigo de los republicanos y no se lo permitió. Ahora Blas, que había luchado tanto por la ciencia y la sociedad españolas, veía que no podría regresar a Canarias, ni siquiera a Lanzarote, donde había nacido.

—¡Esta situación es desesperante, Blas! —le decía su esposa—, tenemos que hacer algo. Si nos quedamos en París, los alemanes nos encerrarán en sus cárceles. Si viajamos a España, los fascistas nos encerrarán en las suyas…

Aunque ya no se sentía con ánimos de volver a viajar por el mundo, Blas no perdió los nervios. Su cabeza ya estaba preparando un plan.

—Todos nuestros amigos republicanos se están marchando a un país de América. Vayamos también nosotros.

—¿Y qué país es ese, padre? —le preguntó su hijo mayor.

—México, todos están huyendo a México. Allí no pueden hacernos daño.

Así fue cómo Blas Cabrera viajó con su familia a la capital de Portugal, Lisboa, para desde allí zarpar en un buque que navegó por todo el océano Atlántico rumbo a México.

En el muelle de Lisboa, un grupo de familiares y amigos despidieron a Blas.

—¡Adiós tío Blas, cuídate mucho! —le dijo José María, uno de sus sobrinos.

—¡No te preocupes, Blas, pronto volverás a España y todo será como antes! —decían otros.

Blas, que se sentía débil y apenado, no dijo nada. Simplemente se dio la vuelta, cogió su maleta y subió por la pasarela del barco.

Esa fue la última vez que sus amigos vieron a Blas.

El exilio intelectual español

Durante los cuarenta años en que Franco mandó en España, gran parte de los mejores científicos, escritores y filósofos españoles se vieron obligados a trasladarse a países como México. Eran republicanos (esto es, apoyaban a los partidos que había en el Gobierno antes del alzamiento militar que hizo estallar la Guerra Civil). En toda aquella época, en España hubo muchas represalias contra gente de esa tendencia política. A esas personas que fueron obligadas a vivir fuera de España se las llamó «exiliados».

En México, Blas asistía de vez en cuando a reuniones donde exiliados de muchos países de Europa hablaban de la guerra. Aunque también conversaban sobre otros asuntos: sobre los nuevos descubrimientos científicos y sobre su viejo amigo Albert Einstein, que se había hecho muy famoso y ahora, exiliado como tantos otros científicos, vivía en Estados Unidos.

Pero Blas nunca volvió a trabajar en laboratorios, ni a investigar con tanta pasión como cuando vivía en Madrid.

Dicen que Blas murió de viejo, en 1945, cuando tenía 67 años, triste porque jamás pudo regresar a España ni a Canarias.

Puede que sea cierto que estuviera triste, pero Blas, en el fondo, tenía motivos para sentirse orgulloso. Tuvo una vida llena de éxitos e hizo lo que siempre había deseado hacer: ser científico, modernizar la ciencia española y trabajar por el progreso de la sociedad.

El protagonista

Blas Cabrera y Felipe nació en Arrecife, Lanzarote, en 1878. Siendo niño se trasladó con su familia a la isla de Tenerife, a La Laguna, donde cursó el bachillerato. Los planes de su familia consistían en que Blas estudiara Derecho en Madrid y se dedicara a las leyes como su padre, pero en la capital conoció al gran científico Santiago Ramón y Cajal, quien lo animó a cultivar académicamente su profundo interés por las ciencias.

Blas se casó en La Laguna con María Sánchez Real, con quien tuvo tres hijos: Blas, que sería médico y llegaría a ser secretario del presidente Juan Negrín; Luis, que se convertiría en arquitecto; y Nicolás, que desarrollaría una carrera científica en Estados Unidos.

Tras licenciarse en Ciencias Físicas y Matemáticas, Blas se dedicó a la física experimental, sobre todo a investigar las propiedades magnéticas

Otros ilustres de la física en la historia

1687

En sus *Principia*, Newton establece las tres leyes del movimiento y la ley de la gravitación universal.

1896

El francés Antoine Becquerel descubre que el uranio emite radiaciones propias y espontáneas, a las que llamó radiactividad.

1905

Einstein publica su teoría de la relatividad.

de la materia. Ayudó a organizar la Sociedad Española de Física y Química y en 1910 creó el Laboratorio de Investigaciones Físicas, el más avanzado de su época en España, del que fue nombrado director.

Pronto se convirtió en uno de los físicos más prestigiosos de Europa y fueron frecuentes sus viajes al extranjero para intercambiar conocimientos y pronunciar conferencias. Entre 1910 y 1934 publicó nada menos que 110 trabajos científicos, y en 1928 llegó a ser nombrado miembro de la Academia de Ciencias francesa.

Tras la Guerra Civil y el triunfo del bando franquista, fue depurado como catedrático en la universidad y tuvo que exiliarse con su familia en México, acogido por la Universidad Nacional Autónoma. Falleció en aquel país en 1945, sin posibilidad de regresar a su Canarias natal.

1910
Blas Cabrera funda y dirige en Madrid el pionero Laboratorio de Investigaciones Físicas.

1938
Lise Meitner, Otto Hahn y Otto Frisch descubren que, mediante el bombardeo de átomos pesados como el uranio con neutrones, es posible «escindir» los átomos en fragmentos más pequeños y liberar así mucha energía: la fisión nuclear.

1974
Stephen Hawking demuestra que los agujeros negros emiten radiación y, por tanto, no son del todo «negros».